AF280570

Reinhold Tebtmann

Dallos
Art und Weise

Zum Buch

In diesem Buch findet man Sprüche, kurze
Gedichte und Klugscheißereien zu
vielen Lebenssituationen.

Zum Autor

Reinhold Tebtmann, geboren 1949 in Münster,
schreibt seit über 60 Jahren Liedertexte
sowie lustige und kritische Gedichte.

Reinhold Tebtmann

Dallos
Art und Weise

Für alle
Maulhelden
Klugscheißer
Neunmalkluge
Dummschwätzer

Bibliografische Information der Deutschen Nationalbibliothek:
Die Deutsche Nationalbibliothek verzeichnet diese Publikation
in der Deutschen Nationalbibliografie, detaillierte bibliografische
Daten sind im Internet über http://dnb.dnb.de abrufbar.

Herstellung und Verlag: BoD – Books on Demand, Norderstedt.

ISBN: 978-3-758-36356-6

Ihr könnt vergessen was ihr wollt

Essen und Trinken und Gut und Geld

Nur eins dürft ihr nicht aus meiner Sicht

VERGESST EURE LIEBE BITTE NICHT

Inhalt

Menschliches

und

Unmenschliches

Manche die von Freiheit grölen

Meinen ihr SINNBEFREITES denken

Wollen Freiheit für ihre Nazi-Parolen

Die Freiheit braune Fahnen zu schwenken

Frei zu leben ist ein hohes Gut

Ohne Zwang leben und leben lassen

Freiheit braucht nur ein bisschen Mut

Niemals bedeutet sie - töten und hassen

Vizekusen wurde Meister

Niemand hatte das erwartet

Der Exmeister – Bayern heißt er

Ist viel zu selbstherrlich gestartet

Keiner durfte sie besiegen

Die Deutschen werden feiern

Nicht weil sie Leverkusen lieben

Nein - sie hassen nur den FC Bayern

Uwe Seeler und Fritz Walter

Zwei Fußball-Soldaten mit Magie

Es waren zwei meisterliche Gestalter

Doch erst mit dem 'Kaiser' kam das Genie

Die Welt hat Respekt gezollt

Doch von Kiel bis zum Bodensee

Vom 'Deutschen Michel' nicht gewollt

Genie will der Deutsche am Boden sehen

Lasst uns denken bevor wir reden

Eigene Meinungen helfen im Leben

Du möchtest nichts hören darüber

Du denkst Besserwisser sind klüger

Brüllen ersetzt die Wahrheit nicht

Lügen trüben die schlechte Sicht

Doch Argumente dürfen nie stören

Lasst uns schweigen um zuzuhören

Mal spitz - mal scharf - mal schnell

So sind gefährliche Waffen

Für Krieg und für Duell

Sind sie geschaffen

Die härteste Waffe

Ist die Schere im Kopf

Selbstzensur als üble Strafe

Für einen ferngesteuerten Tropf

Ich nehme es nicht leicht

Dass mein Stammlokal schließt

Noch ist das Ende nicht erreicht

Obwohl schon so manche Träne fließt

Ich spüre auch das Drama

Mein Leben - es wird unsäglich

Ich vermisse Luisa – Giaco – Adelina

Und meine sechs Umarmungen täglich

Mich fragen manche Menschen: WARUM

Und andere fragen: Warum NICHT

Manchem bin ich viel zu stumm

Manchem zu schwatzhaftig

Darauf sag ich ihnen dann:

Nach einem sehr langen Leben

Bin ich so freundlich wie ich kann

Freundlicher wird es mich nicht geben

Ich schreibe weil ich nicht schweigen will

Doch reden ist oft schon zu gewagt

Und denken ist häufig viel zu still

Mit schreiben ist alles gesagt

Ich schreib offen nie geheim

Egal wo ich bin - wohin ich gehe

Schreib auch um nicht einsam zu sein

Und weil ich dann - was ich denke - sehe

Aus Deutschland – ein Professor

Wusste viel - und alles besser

Doch saß er am Tisch

Bei Fleisch oder Fisch

Zerquetschte er seine Mitesser

Immer quatschen sie mich an

SIE und ER und die zwei Blagen

Dass ich gut drauf verzichten kann

Das darf ich dieser Familie nie sagen

Ich könne so gut mit Kindern

So schmeicheln sie mir durchaus

Sollten sich die Sympathien ändern

Machen sie einen Missbrauch daraus

Er schlug sehr heftig zu

Gewalttätig - ohne Rücksicht

Auf großer Bühne ganz ohne Tabu

So viele Prominente hatten gute Sicht

Will Smith gegen Chris Rock

Keiner protestierte oder ging

Oder stand wirklich unter Schock

Gewalt ist für Promis kein 'Großes Ding'

Menschen lieben seit Jahren

Und nichts soll die Liebe stören

Alles was Menschen sind und waren

Lernen sie - und es wird dazu gehören

Für alles haben wir Experten

Wir greifen sogar zu den Sternen

Und diskutieren mit vielen Gelehrten

Nur sexuell wollen wir nichts mehr lernen

Manchmal wird mir richtig schlecht

Dann spüre ich - so wie ein Kind

Diese Welt ist nicht gerecht

Weil hier Menschen sind

Die nicht lieben können

Nie verzeihen und verstehen

Den Anderen kein Leben gönnen

So wird die Menschheit untergehen

Manchmal bin ich so tief getroffen

Da genügt es wenn einer schaut

Bin für nichts mehr offen

Und aggressiv und laut

Seh all die bösen Blicke

Stolz – der Fronten aufbaut

Kämpfe in die ich mich verstricke

Das alles nur – 'Weil jemand schaut'

Charakterfest ist nur der

Der auch unsere Meinung hat

Doch wir erwarten noch viel mehr

Wir wollen Hilfe und wir suchen Rat

Wir stürzen unsre Besten

Und wollen jeden fallen sehen

Von den viel zu hohen Podesten

Sollen sie durch unsere Hölle gehen

Manchmal - wenn Gedanken schweifen

Dann quält mich die Verzweifelung

Das Gehirn will nicht begreifen

'Es ist gut - du bist gesund'

Auslöser ist ein Windstoß nur

Dann quält mich die Lebenslast

Ganz plötzlich wieder - Freude pur

Nur - weil DU mich angelächelt hast

Manche sprechen von Katastrophe

Andre nennen es Überraschung

Fauxpas sagt man bei Hofe

Oder auch Täuschung

Egal wie man es sieht

Meistens ist alles geheuer

Was in der Gegenwart geschieht

Wird später sehr oft ein Abenteuer

Nicht ein einziges Lächeln

Schon seit ein paar Stunden

Lächeln hieße für sie schwächeln

Überlegen gewinnt sie alle Runden

Sie verbreitet nur Apathie

Und eine gähnende Langeweile

Ganz wenige sind so schön wie sie

Doch wer traut sich in die Bannmeile

Männer sind auch Menschen

Doch ihr Verhalten ändert sich

Manchmal sind sie liebende Männchen

Dann wieder verließ der Urwald sie nicht

Ein Rudel Männer kommt klar

Die Männchen begegnen sich nicht

Männer wollten niemals leben als Paar

Diese Spezies - formten Frauen für sich

Wichtige Leute die ihr glaubt zu kennen

Können nicht mal euren Namen nennen

Die anderen - die IHR missachtet

Helfen viel mehr als ihr dachtet

Sie glätten selbstlos eure Wege

Sie motivieren euch – wenn ihr träge

Doch die 'Wichtigen' die ihr umschleimt

Benutzen euch noch wenn ihr Tränen weint

Ungern denk ich an dich

Und frage dann verwundert

Betrügt mich das Gehirn an sich

Oder hat Erinnerung sich verändert

Und ich begriff verwirrt

Verstand will mich verwöhnen

Damit mein Leben schöner wird

Muss er auch Erinnerung verschönen

Manche Leute bewegen sich

Auch wenn sie sich Mühe geben

In schönsten Kleidern - lächerlich

Auf ihrem Trampelpfad durchs Leben

Andre die sich auch bewegen

Können machen was sie wollen

Müssen sich nicht mal Mühe geben

Sie gehören immer zu den Reizvollen

Was soll ich machen - guter Mann

Wenn ich all deine Worte sehe

Mich so bemühe wie ich kann

Dich aber nicht verstehe

Er meinte - alter Freund

Wer es nicht verstehen kann

Was ich schreibe und gemeint

Dem biete ich meine Alpträume an

Ich kenne nette Menschen

Die mir mit freundlichem Lachen

Alles Gute für mein Leben wünschen

Sie sagen - dass sie sich Sorgen machen

Das – was sie mir wünschen

Und mir auch von Herzen gönnen

Geben sie gerne an andere Menschen

Wenn sie es selbst nicht nutzen können

Wenn ich mein Leben richtig genieße

Dann sehe ich alles hell und schön

Und wenn ich die Augen schließe

Kann ich alles farbig sehen

Sehe ich dann später Grau

Liegt eine Frage auf der Hand

Warum bin ich nur nicht so schlau

Und bleibe in meinem "La La" – Land

Ich war entsetzt

Und ich fand zu Recht

Fühlte mich sehr verletzt

Und betroffen aus meiner Sicht

Der Mann da nebenan

Wir saßen am Tisch alleine

Plötzlich - beim Smalltalk dann

Lachte er laut: 'Jedem das Seine'

Du erzählst - und ich könnt schwören

Man bleibt an deinen Lippen kleben

Nur anderen Leuten zuzuhören

Das war DIR nie gegeben

Du jammerst - weil sie dich aufwühlen

Die Jammernden in deinem Leben

Denn teilnehmend mitzufühlen

Das war DIR nie gegeben

Ich bin immer auf Diät

Wenn der Ekel-Gast kommt

Und räuspernd seine Lunge lädt

Weil ihm das Kettenrauchen frommt

Lungenflügel explodieren

Überall verteilt sich Schleim

Tische - überdeckt mit Schlieren

Ich würd so gern in der Dusche sein

Er bekam den guten Rat:

Genieß die Zeit die dir bleibt

Denn nach einem Schicksalsschlag

Da geht es aufwärts – mit der Zeit

Er hoffte auf den Genuss

Auf Zukunft die seiner harrte

Doch verglich er alles zum Schluss

Mit dem Traum den er verloren hatte

Keine eigenen Ziele

Nur angepasstes Leben

Missachtung eigener Gefühle

Nie sollte es so ein Leben geben

Nur auf andre gehört

Das Falsche wiederbelebt

Und weil eigenes denken stört

Ein Leben im falschen Leben gelebt

Glaube

und

Unglaube

Die Menschen lernen bis zur 'Ewigen Ruh'

Und fürchten nicht einmal die Götter

Denn Götter lernen gar nichts dazu

Und Gott war niemals ein Netter

Sie wachsen an Zahl und Gewicht

Kluge – die den Religionen entfliehen

Gäbe es wirklich das "Jüngste Gericht"

Ich würde GOTT zur Rechenschaft ziehen

So manches Mal denke ich daran

Dass ich für mein gutes Leben

Doch eigentlich nichts kann

Es scheint gottgegeben

Gott - den ich verachte

Der mir - wohl um zu werben

Wohlstand und Freude brachte

Lasse ich werben bis zum Sterben

Ich belüge ganz bewusst

Doch niemals um zu schaden

Schaden zu mindern macht Lust

Und lässt mich mein Lügen ertragen

Viele lügen um zu betrügen

Ich lüge um Qualen zu lindern

Nie werd ich der Moral mich fügen

'Nur Wahrheit könne Leid verhindern'

Nie habe ich an Gott geglaubt

Auch nicht an ein Leben DANACH

Nie an den der verbietet und erlaubt

An den der erschuf und alles zerbrach

Es gibt nur EINEN der zerstört

Und der beendet nicht nur Leben

Es ist der Tod – dem das Leben gehört

Er trifft auch das Leben der Gebliebenen

Unser kindlicher Verstand

Fragt - wenn er beichten geht

Warum wird es erst interessant

Wenn man das sechste Gebot gesteht

Meine Erinnerung ist klar

Beichtväter ändern sich nicht

Sie verstecken unter ihrem Talar

Ein verlogenes - geiles - dunkles Licht

Manchmal zerreißt mich diese Welt

Terror - Katastrophen - Kriege

Bin kein Supermann kein Held

Ich brauche etwas Liebe

Nur eine Hand in meiner

Einen Arm der mich umarmt

Ein kleiner Augenblick - nur einer

Und einen Gott - der sich erbarmt

Er sang religiöse Lieder

Diese arme fanatische Seele

Fast täglich hörte ich ihn wieder

Traf dann - wie geplant - seine Kehle

Eh er zu riechen begann

So - dass es auffällig wurde

Entsorgte ich den frommen Mann

Drei Meter tief – mit all seiner Würde

Ich wollte dass alles bleibt wie es war

Und hoffte nichts würde sich ändern

Ich wollte mit dir nichts weniger

Als durchs Leben zu schlendern

Der Traum ist lang schon vorbei

Dein Leben trennte sich von meinem

Was bleiben sollte war jetzt vogelfrei

Der Herrgott – er schlachtet die Seinen

Du beschimpfst mich

Nur weil ich Gott verneine

Willst Religionsfreiheit für dich

Doch Freiheit von Religion ist meine

Du rufst 'Blasphemie'

Geiferst 'Gotteslästerung'

Einen Gott gab es für mich nie

Drum gab es auch keine Belästigung

Ich träum von wilden Zeiten

Wo ich James Bond gewesen wär

Oder ich würde mit Winnetou reiten

Und machte es bösen Menschen schwer

John Lennon könnt ich retten

Hätte als Bobby Fischer gesiegt

Lebte in fremden Welten und Betten

Bestimmt hätt ich Emma Bovary geliebt

Gott - sagst DU - macht alles richtig

Hätt ich immer nur IHN im Blick

Doch ist es mir nicht wichtig

Nicht für MEIN Glück

Es spricht alles dagegen

Ich hab deinen Glauben nicht

Du glaubst an himmlisches Leben

Doch gibt es nichts was dafür spricht

Mein Land in Geiselhaft

Weil eine Religion es so will

Und einen Karfreitag erschafft

Bleibt ein freies Land TOTENSTILL

Verbote im ganzen Land

Egal ob Party oder ob Sport

Die Fröhlichkeit wurde verbannt

Von der gläubigen Minderheit vor Ort

Hier stehe ich - im Schatten der Wand

Verberge mein Gesicht in der Hand

Wer bin ich denn nur ohne dich

Winzig klein fühle ich mich

Menschen starren mich an

Jeden einzelnen Tag – und dann

Lachen sie: So wirst du verrecken

Hey – du musst deine Gefühle verstecken

Unser Leben wird zur Pflicht

Nur - wenn man es genießt

Dieses Leben will nicht

Was ungenießbar ist

Der Zwang zu leben

Ist ein Fluch - ein böser

Und bringt Hass ins Leben

Dieser Hass ist ein - religiöser

Er zerriss mein Buch

Und warf damit nach mir

Wohl ein vergeblicher Versuch

Gestern zu ändern - jetzt und hier

Ein wütender Mann

Der gar nichts verstand

Doch ich erinnerte ihn daran

Er war Pfarrer - ich war Ministrant

Ich glaube nicht an Gott

Doch beginne ich zu zweifeln

Ein böser Mensch ist endlich tot

Das ist für mich kaum zu begreifen

Ich werde nicht trauern

Aber zur Trauerfeier gehen

Nicht um seinen Tod zu bedauern

Den geschlossenen Sarg will ich sehen

Freunde

und

Feinde

Gestern sagten sie zu mir

Wir haben es nicht so gemeint

Als wir vor Jahren sagten zu dir

'Wir wollen dich nicht mehr als Freund'

Nach 20 Jahren sollte ich

Vielleicht das Vergessen wagen

Doch die Wunden - sie heilen nicht

Ich würd die Schmerzen nicht ertragen

Mit manchen Verwandten kämpfte ich

Auch mit Kollegen war es Brauch

Oft war es hart für mich

Für Betroffene auch

Bei all diesem Streit

Ob er gewollt oder ob nötig

Die Wunden heilen mit der Zeit

Nur mit Freunden sind Kämpfe tödlich

Mein Freund – wir redeten oft und lang

Und wir konnten aufeinander bauen

Ganz ohne Hierarchie und Rang

Unsre Basis war Vertrauen

Das alles ist nun lange her

Vertrauen durfte nicht bleiben

Spott und Häme trafen zu schwer

Weil wir schweigen – muss ich schreiben

Mein Kumpel ist der Mond

Ich seh ihn mir an jede Nacht

Freunde fragen ob sich das lohnt

Ich sage zu ihnen: Freunde gebt acht

Der Mond ist wie ein Lehrer

Keiner der sein Wissen versteckt

Der Mond ist ein Wissensvermehrer

Ich versteh heut sogar den JoJo-Effekt

ICH bin wer ICH bin

DU kennst nur den Rest

Doch der ergibt keinen Sinn

Weil mein Bild nur ein Abbild ist

DU siehst nur die Hülle

Sprichst sie an mit Namen

Zum Erkennen fehlt der Wille

Den DIR die Vorurteile nahmen

So einige meiner Bekannten

Waren früher Freunde von mir

Und - da wir uns sehr gut kannten

Gab es danach auch nie mehr ein WIR

Die Gefühle waren nicht weg

Doch von "Bizarrem" überlagert

Wir gingen uns lieber aus dem Weg

Es bleibt was in der Erinnerung wabert

Ich habe so viel von EUCH gelernt

Und bekam ein schöneres Leben

Doch haben wir uns entfernt

Stehen uns heut entgegen

Wir alle veränderten uns

Und entwickelten uns weiter

Doch die Richtung und Substanz

War viel zu unterschiedlich - leider

Eines Tages riefst du an

Um über Probleme zu reden

Und ob man sie nicht lösen kann

Du würdest gern aufräumen im Leben

Probleme kann man lösen

Doch Wunder sind unmöglich

Im "Verbalen Kampf" des Bösen

Waren zu viele der Wunden tödlich

Ich höre Paare fragen

'Warum nur lebst du alleine

Wir würden sowas nicht ertragen

Es sei denn Freund – du findest keine'

Nie gab ich was darauf

Obwohl mir manchmal graut

Erfahrung sagt und Lebenslauf

Die Paare - sie fragten viel zu laut

Und immer wieder frag ich mich

Warum musste das alles geschehen

Warum nur war es so wichtig für dich

Mich völlig zerstört am Boden zu sehen

Viele Antworten habe ich schon

Es fehlen nur die richtigen Fragen

War es vielleicht eine falsche Vision

Oder waren wir Freunde - die versagen

Ganz heimlich spottet ihr über mich

Manchmal glaube ich zu ersticken

Trauern macht mich lächerlich

Ich seh es in euren Blicken

Keiner kann so lange trauern

Für EUCH ergibt es keinen Sinn

Meine Trauer zu meinem Bedauern

Ist Liebe – die nicht mehr weiß wohin

Gern erzählst du - ich sei dement

Weil ich nicht redete mit dir

Heute sage ich dir dezent

Den guten Grund dafür

Du hältst dich für nice

Ich hab eine andere Sicht

Weil ich so viel von dir weiß

Weiß ich auch - ich mag dich nicht

Eine Geschichte voller Missverständnisse

War unsre Freundschaft schon immer

Wir ignorierten alle Hindernisse

Ich fühlte mich als Gewinner

Zerbrochen an einer Hürde

An eurem Versuch der Erziehung

Und der Missachtung meiner Würde

Respektlosigkeit - zerstört jede Beziehung

Die uneingeschränkte Solidarität

Bekommst DU nicht von MIR

Du wolltest Exklusivität

ICH nichts von dir

Was DU verlangst

Habe ich nie besessen

Aber nein - hab keine Angst

Niemals werd ich dich vermissen

Gestern wurde Ollie begraben

Ich denke noch oft an unsre Zeit

Wir waren Freunde vor vielen Jahren

Jung waren wir - und zu fast allem bereit

Australien oder die Dolomiten

So manche Abenteuer fanden statt

Wir lebten und feierten und liebten

Und vieles begann bei Ollie - in Lippstadt

Ihre allerbeste Freundin

Gehört zu den Wunderschönen

Und für Schöne ergibt es Sinn

Schönheit durch Kontrast zu krönen

Der Vorteil ist erheblich

Licht - das auf Freunde fällt

Macht auch ihr Strahlen möglich

Und ihr Leben wird dadurch erhellt

Manchmal da lädst du mich noch ein

Und mein Ego freut sich darüber

Der Verstand schreit 'NEIN'

Und erinnert sich wieder

Die letzten Treffen – sie trafen mich

Die Angriffe und die Verachtung

Respektlosigkeit spürte ich

Und TIEFE Demütigung

Ich sah den Mann mit Mondgesicht

Er redete von Spott und Hohn

Vor ihm ekelte man sich

Verfluchtes Cortison

Zäh verging die Zeit

Irgendwann war es vorbei

Er überstand diese Ewigkeit

Freunde waren nicht mehr dabei

Manchmal träume ich einen Traum

Denk an meinen Bekanntenkreis

Zwar treffen wir uns kaum

Doch das ist der Preis

Ich mag Kommunikation

Liebe neutrale Orte dafür

Doch viele halten nichts davon

Und nutzen Heimrecht als Zensur

Gute Freunde sind rar

Sie machen alles leichter

Beste Freunde sind immer da

Machen alles schöner und reicher

Freunde für die Ewigkeit

Doch wird es euch wundern

Freundschaft hält nur so weit

Bis die Erwartungen sich ändern

Ob du jung bist oder alt

Es kann innere Stimmen geben

Die flüstern: "Das Ende kommt bald

Vielleicht ist es leichter NICHT zu leben"

Deine Freunde sagen dir

Wenn du Hilfe brauchst ruf an

Doch manches Mal hilft REDEN nur

Und reden heißt dass man zuhören kann

Wir diskutierten und stritten

Mal um nichts und mal um alles

Es war ein Verfall der guten Sitten

Wir quälten einander auch um Banales

Zu häufig wurden wir zu laut

Es ging uns nur darum zu siegen

Wir haben auf uns herabgeschaut

Viel zu selten haben wir geschwiegen

Häufig - ihr Lieben

Da denke ich noch daran

Wäre ich bei EUCH geblieben

Wär ich noch heut derselbe Mann

Wollte euch gefallen

Eure Ansichten vertreten

Erzogen werden von euch allen

Leben - als einer eurer Satelliten

Nur im eigenen Leben

Ist man Zentrum der Welt

Doch IHR verlangt von jedem

Dass ihr auch da als Mitte zählt

Ihr wollt EURE Ordnung

Und droht mit Liebesentzug

Freundschaft wird Erniedrigung

Es geht um Kontrolle - um Betrug

Manchmal - nur für eine kurze Zeit

Wirst du fast zu meinem Feind

Und es geht sogar so weit

Dass die Seele weint

Du bist für Minuten

Böse - aus meiner Sicht

Doch gehörst du zu den Guten

Böse Menschen schämen sich nicht

Oh mein bester Freund

Bitte beachte was du sagst

Hast du es wirklich so gemeint

Was du mir heftig zu sagen wagst

Denk an die Konsequenzen

Folgen für uns wären schwer

Für alles gibt es doch Grenzen

Und ich wär dein Freund nicht mehr

Dein neues Hobby ist sehr schön

Und DIR bereitet es viel Spaß

Nur eines find ich obszön

Du erwartest etwas

Du verlangst von mir

Ich sei wie du besessen

Doch fehlen mir Sinne dafür

Dein Hobby ist Kochen und Essen

Er war wie ein Lehrer

Ich saugte sein Wissen ein

Er war ein Wissensvermehrer

Ich war so unvollständig und klein

Nach lehrreicher Zeit

Sagte mein Mentor zu mir

Es ist nach Jahren nun so weit

Ab heute Freund – lern ich von dir

Junge

und

Alte

Es ist nicht mehr das Gelbe vom Ei

Seit Lebenslust dem Alter wich

Spaß ist lange schon vorbei

Die Z-e-i-t dehnt sich

Gedanken die noch Freude spenden

Sie schauen viel zu weit zurück

Nur noch um uns zu blenden

Geht nach vorn der Blick

Wir wollten nie wie die Eltern sein

Niemals über die Jugend lästern

Heute fällt uns nur eines ein

Alles war besser - gestern

Die jungen Leute rauchen

Leben im Handy Tag und Nacht

Sie wollen nur feiern und saufen

Uns hätte man ins Lager gebracht

Sie drehte sich um und fragte mich

Schaust du mir etwa auf den Arsch

Ich sagte beschämt: Ja das tue ich

Da meinte sie zu mir ziemlich barsch

Alter – wehe du hättest weggeschaut

Warum wohl tragen wir Mini – Röcke

Push – Ups und alles was euch umhaut

Wir tragen das für euch alten Böcke

Manchmal denke ich verträumt

An irgendeine Jugendsünde

Keine habe ich versäumt

Alle hatten Gründe

Nicht EINE möchte ich missen

Keine Sünde die ich bedauer

SO erworbenes Wissen

Macht uns schlauer

Zwei Kinder toben auf mir herum

Spielend - lachend - brüllend

Sie haben Spaß und darum

Wird es abendfüllend

Sie testen die Grenzen

Und ich zeig sie ihnen klar

Wenn sie Lektionen schwänzen

Dann fließen bittere Tränen sogar

"...ich - als Mutter..."

Beginnen ihre Geschichten

Niemals erzählen sie absoluter

Wenn sie vom Heldentum berichten

Jede Mutter eine Löwin

Die sich opfert für ihr Kind

Die Vaterschaft ergibt nur Sinn

Solang SIE noch nicht Erzeuger sind

Ich half bei einem Umzug

Schon beinahe hundert Mal

Beim letzten Mal war es unklug

Fast schon eine körperliche Qual

Die Muskeln rufen: 'NEIN'

Blockieren alle meine Glieder

Der Geist wollte noch willig sein

Doch der Körper ruft: 'Nie wieder'

Nie will ich mich gewöhnen

An Leute die im Bistro sitzen

Ins Handy laut und wichtig tönen

Erfolgsverwöhnt mit schlechten Witzen

Sie sind so ungerne zu Haus

Da können sie nicht mehr blenden

Drum leben sie hier Komplexe aus

BLENDER - die ihr Leben verschwenden

Beim Klassentreffen sah ich ihn wieder

Wir waren mal Freunde als Schüler

Das Treffen schlug mich nieder

Er war noch so wie früher

Es erschütterte mich sehr

Keine Veränderung in der Zeit

Über 50 Jahre waren es nun her

Er war noch wie 15 – und tat mir leid

Nie mehr Schmetterlinge

Nie mehr körperliche Liebe

Wir Alten spüren andere Dinge

Schmerzen betäuben unsere Triebe

Zukunft heißt Testament

Erinnerung nennen wir Leben

Gegenwart ist ein Medikament

Und nie mehr wird es Liebe geben

Ich hörte sie reden von Legasthenie

Und über Alltagshelden im Lande

Die es schafften mit Energie

Zu meistern ihre 'Schande'

Früher sagte man 'Idiotie'

'Dumme' hat keiner bewundert

Die Gesellschaft mochte sie nie

Hat sie in Sonderschulen behindert

'ES WAR EINMAL' - vor langer Zeit

Da waren wir noch kleine Kinder

Für Abenteuer stets bereit

Lebenssucher und Finder

Die 'MORAL' der Masse

War damals unveränderlich

Ob zu Hause - Schule - Straße

Sie hieß nur 'DAS TUT MAN NICHT'

Wir ALTEN belehren diese Menschheit

Erfahrungen sind unser Unterricht

Dazu meint der Lauf der Zeit

'Ihr seht den Wandel nicht'

Wir werden Besserwisser

Änderungen fallen uns schwer

Wir wissen zwar noch alles besser

Nur überzeugen können wir nicht mehr

Alle Kinder sind dumm

Und werden täglich klüger

Irgendwann dreht sich das um

Und Alte werden zu Dummen wieder

Jeder glaubt zu wissen

Und er denkt zu jeder Zeit

Alles BESSER wissen zu müssen

Diskussion ist nicht immer STREIT

Oh - ich kenne diese Blicke

Sie beobachten und sie mustern

Von der Gegenwart bis zur Antike

Kennen wir solche Blicke als "Lüstern"

Ich seh zurück und grüble

Ihre Geste macht mich bitter

Nicht dass ich den Wunsch verüble

Doch wär es wie Sex mit meiner Mutter

Sie war jung und schön

Ich lächelte wohl zu sehr

Hielt sie es etwa für obszön

Nicht zu lächeln fiel mir schwer

Schönheit seh ich gern

Die Sinne nehmen sie wahr

Belästigungen liegen mir fern

Schönheit ist zum Genießen da

Familie

und

Nachbarn

Du fragst: Was ist Erziehung

Und willst Erklärungen von MIR

Bist dankbar für MEINE Bemühung

Darum gebe ich dir ein Beispiel dafür

Jeden Bissen 40-mal kauen

Verlangte meine Mutter von mir

So kann er schon im Mund verdauen

Erziehung macht Wiederkäuer aus dir

Hallo liebe Kinder

Ja - ich mag euch auch

Ihr ladet mich ein wie immer

Das sei zu Weihnachten so Brauch

365 Tage im Jahr

Leben wir alle kontaktfrei

Drei festliche Stunden fürwahr

Gehn mir ab heute am Arsch vorbei

Zu oft erleben wir es

Bringt man Kinder ins Bett

Dann gibt es Ärger und Stress

Die Kleinen sind dann weniger nett

Spielen Kinder in Pfützen

Und im schlammigen Versteck

Strahlen unsre Kids und jauchzen

Baut endlich Kinderbetten aus Dreck

Du bist auf Dinge stolz

Für die andere sich schämen

Du bist aus ganz besonderem Holz

Behauptest - du wächst an Problemen

Du stolze Mama am Herd

Machst täglich 3 Kinder satt

Für nur 5€ sind sie mangelernährt

Um Hilfe zu bitten - das wäre Verrat

Er sagte zu ihr: 'Alles wird gut'

Sie konnte es nicht glauben

Denn sie sah nur Wut

In seinen Augen

Sein Schlag kam wie jedes Mal

Sehr hart und sehr genau

Sein Grund war banal

Sie ist seine Frau

Bei Wechselgeld sagst du zornig zu mir

Auch wenn es nur wenige Euro sind

'Ich will keine Almosen von dir'

Trotzig wie ein kleines Kind

Doch nimmst du seit Jahren

Ganz ohne lautstarkes Gezanke

Und ohne Trotz und Wut zu wahren

...zigtausend Euro von mir - mit 'Danke'

Die meinen Namen nennen

Glauben mich auch zu kennen

In der sicheren Gewissheit dann

Bekomme ich Ratschläge ab und an

Ratschläge sind dominant

Zweifeln an meinem Verstand

Jede Beziehung ist zu Ende hier

Denn Ratschläge - sind Schläge nur

Auf dem Weg nach Hause

Traf ich dich ganz zufällig

Du warst nach der Kaffeepause

Auf deinem Weg zurück zum Strich

Viel Erfolg sagte ich noch

Komm doch nach der Schicht

Zu einem Frühstück zu mir hoch

Und bitte vergiss die Brötchen nicht

Ich lebe nun fürwahr

Hier im 'Betreuten Wohnen'

Schon in meinem vierten Jahr

Und ich lass mich hier verwöhnen

Ich war mit 70 Jahren

Der Jüngste hier im Haus

Alle nennen mich beim Namen

Lebend ziehe ich nicht mehr aus

Und manchmal fragte ER

Fühlte er wohl dieselbe Leere

Und dachte sich - was gewesen wär

Wenn er als Kind umarmt worden wäre

Wär die Welt eine andere

Nur durch die Körperkontakte

Wär die Gefühlswelt eine gesündere

Doch wie zählen die gewalttätigen Akte

Es war niemals schön

Nicht das was ich wollte

Wir waren uns unangenehm

Es war nie so wie es sein sollte

Vorsätze sind kein Plan

Unsre Absichten waren gut

Doch vorbei als die Ehe begann

Was Liebe sein sollte – wurde Wut

Nach meiner Kindheit

War ich allein lebensfähig

Es gab nur eine sehr kurze Zeit

Da wurde ich schwer alleine fertig

Manche Leute denken

Mich erziehen zu müssen

Und wollen mein Leben lenken

Sie leben in potemkinschen Kulissen

Schon Kindern trichtert man es ein

Wichtig sei nur der Familienkreis

Dazu sag ich immer nur NEIN

Weil ich es besser weiß

Prügel - ohne Erbarmen

Angst - die kein Kind vergisst

Mütter - die dich nicht umarmen

Familie – ICH habe sie nie vermisst

Seit ich den Mutterleib verließ

War ich nie mehr geborgen

Die Kinderzeit verhieß

Angst vor morgen

Mütter ohne Zeit

Lieben die Mutterrolle

Genießen Mitgefühl und Neid

Egal wen's auch was kosten solle

Nein - ich will es nicht mehr

Trotzdem tu ich es noch immer

Die Wahrheit fällt mir oft schwer

Und es wird mit jedem Mal schlimmer

Üblich ist dass man es tut

Familie und Bekannte treffen

Doch nicht alle Treffen sind gut

Ich hab verlernt auf Gutes zu hoffen

Ich seh die Mutter mit ihrem Sohn

Ihre Beziehung ist sehr extrem

Lange sind sie Feinde schon

Das können alle sehen

Wir sind doch Familie

Sagen die - die alles wissen

Und Freunde gibt es viel zu viele

Die IHRE Freunde belehren müssen

Deine Weisheiten für mein Leben

Erstaunen mich immer wieder

Ich soll leben und streben

Wie du – so bieder

Nie war dein Leben

Ohne eine Hilfe möglich

Mir gute Ratschläge zu geben

Ist anmaßend – ist unerträglich

Quält man Kinder bei 'Hänschen klein'

Erinnert das Lied lebenslang daran

Sie werden wieder Opfer sein

Im langfristigen Horrorplan

Musik speichert Erlebtes

Melodien werden Panik-Lieder

Bei 'Hänschen klein' erleben sie es

IMMER und IMMER und IMMER wieder

Manchmal denk ich noch an dich

Und dann bin ich verwundert

Mein Puls rast plötzlich

Von Null auf Hundert

Als Ehefrau zu rigide

Gab es nur - ICH WILL

Ohne Empathie - ohne Liebe

Und nicht eine Sekunde STILL

Als ich in die Schule kam

Da lernte ich schnell und viel

Doch was mir meinen Atem nahm

War weder Fantasie noch Kinderspiel

Trotz neuer Freunde hier

Schlug es mir auf den Magen

Mitschüler sagten glaubhaft zu mir

"Wir werden zu Hause NIE geschlagen"

Ihr habt sie besiegt

Sie LEBEN nur nebenbei

Um eure Erwartung bemüht

Wurde ihr DENKEN niemals frei

Als Kinder unerhört

Gingen ihre Welten unter

Kleine Seelen brutal zerstört

Es gab sehr kluge Köpfe darunter

Plötzlich ist Weihnachten

So überraschend wie immer

Man soll Familie wieder achten

Christlicher Kitsch in jedem Zimmer

Ist die Feierzeit vorbei

Kann man sich fallen lassen

Gedanken sind dann wieder frei

Familie - darf man wieder hassen

Leben

und

Sterben

Von Trauerarbeit reden so viele

Und wissen nicht was das ist

Teilen stolz ihre Gefühle

Ihre Art Verständnis

Reden will die Trauer

Und keine Arbeit leisten

Schmerz vergeht auf Dauer

Und DAS schmerzt am meisten

Noch ein Jahr aufs alte Leben

Nicht immer ist es wie man's mag

Das Leben ist eben nicht immer eben

Doch heut ist DEIN Geburtstags - Tag

Genieß das Jahr so oft es geht

Nichts ist besser weil man hadert

Wenn der Geist die Nacht übersteht

Dann stört es nicht - wenn er salbadert

Wunderschöne Momente

So viele sind es nicht mehr

Glücksmomente zum Lebensende

Erwartet auch keiner mehr so sehr

Worte sind ein Schatz

Manche davon bewegen mich

Gestern wärmte mich der Satz

'Es gibt Menschen - die mögen dich'

Ein Schulfreund starb vor einigen Tagen

Lang hörte ich nichts mehr von ihm

Ich hatte ihm vor 60 Jahren

Mein Lieblingsbuch geliehen

Sein Tod erinnerte mich

An das Buch und an den Titel

Zurück bekam ich es nun endlich

"LOCKE UND DIE FUSSBALLSTIEFEL"

Würdest du - so fragtest du eben

Sollte man dir diese Chance geben

Noch einmal dasselbe Leben leben

Oder NICHT an dem Alten kleben

Würdest du die Chancen ergreifen

Und auf deine Erfahrungen pfeifen

Dich nicht auf das Alte versteifen

Ich sag dir klar: Ich würde kneifen

Du hast immer allem zugestimmt

Hast immer nur "JA" gesagt

Die Erfolgreiche gemimt

Und nie hinterfragt

Lügst noch die Lügen

Von Erfolg und von Lob

Kritiken sind für dich Intrigen

Keiner darf sie sehen – deine Not

Die Sonne wärmt mir mein Gesicht

Mich streichelt sanft der Wind

Augen suchen das Tageslicht

Vogelzwitschern beginnt

Freiheit ganz tief in mir

Es beginnt ein Tag im Takt

Der Schließer öffnet meine Tür

FRÜHLING im Hochsicherheitstrakt

Manchmal fühle ich die Last

Dann ist alles furchtbar schwer

Fühl mich wie ein ungebetener Gast

Und ich versteh die Welt nicht mehr

Bin so alt und so verbraucht

Zukunft ist nicht mehr mein Ziel

Schöne Gedanken sind weggetaucht

Vergangen ist was ich in Zukunft will

In meinen Schuh'n von Amazon

Bekommt mein Doktor viel zu tun

Er meint: Nur eins hat Spaß dabei

Dein gewaltiges 'Hühner – Augen – Ei'

Ich fühle mich im Feindesland

Seh das Skalpell in seiner Hand

Er schneidet tief in meinen Zeh

Ich schaue durch Tränen als ich geh

Dein destruktives Denken

Das du häufig denken musst

Bringt gute Launen ins Wanken

Mach mit deinem Gejammer Schluss

Deine einzige Freundin

Ist dir immer treu ergeben

Aufmerksam und voller Frohsinn

Mag deine Katze sogar DEIN Leben

Kommt deine Zeit - gib acht

Hol dir die Welt - sei ungeduldig

Die Welt ist nur für DICH gemacht

Kind - du bist niemandem etwas schuldig

Schau nach vorne nie zurück

Die Zukunft kann dir alles geben

Such die Liebe und such dein Glück

Und leb immer nur dein eigenes Leben

Die Bodycam aus – alle Mann

Damit man uns nicht sehen kann

Dann werden wir dem Neger zeigen

Woher er kommt – da kann er bleiben

Notwehr war es - ohne Frage

Wir erleben es doch - alle Tage

Vor der Staatsgewalt fehlt Respekt

Wir sind die Guten - und immer korrekt

Wenn ich manchmal fluche

Und das Leben dann verdamme

Danach nach etwas Besserem suche

Und mich für einiges Neue entflamme

So bedeutet das doch nicht

Dass ich etwa unzufrieden bin

Nein ich hinterfrage meine Sicht

Und bleibe sehr kritisch - weiterhin

Sie rauchen im Biergarten neben mir

Meine Lunge atmet das Nikotin

'Hier draußen da dürfen wir'

Ewig nahmen wir es hin

Sie töten schon die Föten

Und verbreiten ihren Dunst

Wir müssen die Raucher töten

Sonst – töten all die Raucher uns

Als Kind missbraucht und oft geschlagen

Der Körper und auch die Seele wund

Zu wagen 'Widerworte' zu sagen

War schmerzhaft ungesund

Doch heute genügt es nicht

Ungerechtigkeiten zu verfluchen

Mit 30 hat man sein eigenes Gesicht

Kann nicht die Schuld bei andern suchen

Der Weg war sehr gewunden

Häufig war er hart und schwer

Hab so oft gesucht und gefunden

Das Leben entlohnt mich immer mehr

Ich hatte nur das eine Ziel

Und dieses Ziel war Überleben

Weil ich strauchelte und nie fiel

Darf ich eine Menge Leben erleben

Auch wenn es morgen Gold regnet

Man uns mit Schampus segnet

Den Weg mit Blumen ebnet

Oder uns Gott begegnet

Nie wieder wird es wahr

Das bleibt mir immer klar

Vergangen ist ein Lebensjahr

Das kürzlich erst das 'Neue' war

Mein Freund - fürchtest du den Tod

Hast du mich gestern gefragt

Er bringt das Leben ins Lot

Habe ich zu dir gesagt

Der Tod ist nicht egal

Er schafft uns neue Räume

Nur eines bereitet große Qual

Der Tod verhindert dass ich träume

Ich saß auf der Terrasse

Hörte Tumulte aus dem Lokal

Ein alter Mann mit großer Masse

Fiel ganz einfach um – im freien Fall

So lag er da als ich kam

Mit wild klopfendem Herzen

Ich sagte ihm – keine Sorge Mann

Dann starb er – ganz ohne Schmerzen

Geduckte Leute sehe ich

Missachtung ist das Problem

Im eigenen Leben ducken sie sich

Und hoffen – dass wir sie nicht sehen

Unsicher im Leben stehen

Unser Ziel für Hohn und Spott

Kluge wollen sie ihnen nicht nehmen

Die Angst vor uns – die Furcht vor Gott

Man sagt so leicht: 'Ich sterbe dafür'

Und glaubt - Wahres wird wahrer

Darum sterb ich jetzt und hier

Für Spaghetti Carbonara

Sogar unter Drogen muss ich gestehen

Es ist für mich nichts wunderbarer

Ein Leben OHNE wär nicht schön

Ich lebe nur für Carbonara

Manchmal bin ich Pharisäer

Und danke Gott im Paradiese

Die Massen kommen immer näher

Und trotzdem bin ich nicht wie diese

Früher war ich mal wie sie

Und lebte ihr asoziales Leben

Fragt mich heute jemand: 'WIE'

Weiß ich von nichts und belüge jeden

Manche Tage glänzen

Andere Tage sind matt

Die glänzenden Tage tanzen

Andere sind ein schmaler Grat

Oh - ich verstehe das

Meinte ein Freund zu mir

Wenn ich alles zusammenfass

Lebst du wahrscheinlich im Delir

Ich schrieb mir einen langen Brief

Hoffte - dass ich ihn auch lese

Schrieb - ehe ich entschlief

Und traute der Genese

Ich schrieb als Pflicht

Dass ich nach Neuem strebe

Und ich im nächsten Leben nicht

Das gleiche Leben noch einmal lebe

Manchmal denke ich viel zu viel

Manchmal aber auch zu wenig

Mal führt es mich ans Ziel

Mal ist es überzählig

Oft hat sich der Verstand geirrt

Denken hat sich nicht gelohnt

Dann glaube ich resigniert

Der Bauch hät's gekonnt

Gestern noch sah ich deine Tränen

Spürte deinen tiefen Schmerz

Dir gehört in seinen Plänen

Nicht länger sein Herz

Es steht dir im Gesicht

Da er dich nicht mehr liebt

Traust du auch der Liebe nicht

Ich will - dass es dich EWIG gibt

Das Leben ist nicht immer einfach

Manche Probleme wiegen schwer

Weil irgendwas entzweibrach

Müssen gute Lösungen her

Manche sind überfordert

Einiges lastet schwer wie Blei

Wenn das Leben zu viel fordert

Keine Angst – das Leben geht vorbei

'Kuba-Krise' dachte ich

Sei das Ende meiner Welt

Doch dann überzeugt man mich

Dass die 'Atomkraft' schwerer zählt

Nun der 'Klima-Wandel'

Mit menschlichen Faktoren

Der Satan bot mir einen Handel

Ich sterbe ganz normal an Tumoren

So viele Entscheidungen

Und falsch davon war keine

Gedacht - abgewägt - gelungen

All die Entscheidungen waren meine

Die Lösungen fand ICH

Hätte ich andere genommen

Und NICHT entschieden für mich

Wär ich unter einen Bus gekommen

Manchmal denke ich zurück

Und ich spür dabei die Tränen

Denke an Liebe - Leid und Glück

Was wurde aus Träumen oder Plänen

Hoffnungen auf gute Zeiten

Die Erinnerungen verklären nur

Doch Nachts wenn sie entgleiten

Dann werden die Träume zur Tortur

Manchmal überschwemmt es mich

Dieses Gefühl von Dankbarkeit

Und dann wieder spüre ich

Eine tiefe Traurigkeit

Sehr intensive Gefühle

Tief erlebe ich die beiden

Spüre die Hitze und die Kühle

Der Rest ist ewiges SCHWEIGEN

Morgen werd ich beginnen

Menschen zu verstehen

Einige sind von Sinnen

Da wird es nie gehen

Viel würd ich geben

Glaubt es ruhig Leute

Verrückt ist das Leben

Morgen ist wieder 'Heute'

Was hat er falsch gemacht

Der Mensch der nebenan wohnt

Er hat sich fast mal umgebracht

Doch hat der Tod ihn wohl verschont

Das war keine gute Wahl

Denn in der deutschen Kultur

Ist es bis heute gängige Moral

Wer überlebt gilt als Versager nur

Und werde ich heute sterben

Oder vielleicht in zwanzig Jahren

Habe ich nichts versäumt auf Erden

Keine Träume die noch zu erfüllen waren

Hat man nichts zu verlieren

Und es ist alles gut - weiterhin

Kann auch der Tod nicht verwirren

Er ist dann nur noch ein weiterer Termin

Liebe

und

Hass

Willy Brandt - beschimpft als Verräter

Wurde bis zu seinem Tod geschmäht

Todesengel Mengele als Nazitäter

Hat in Brasilien in Ruhe gelebt

Als Blutrichter ohne Nachsicht

Tötete Freisler maßlos und lustvoll

Wegen Propaganda gegen diese Nazis

Enthaupteten die Bestien - Sophie Scholl

Eine nette Dame aus Hessen

Lud mich einmal ein zum Essen

Als wir BEIDE kamen

Rief sie meinen Namen

Den ihrigen hatte ich vergessen

Sie kam mir entgegen

Und sie ging an mir vorbei

So wunderschön und deswegen

Schaute ich ihr nach – und dabei

Kreuzte sich unser Blick

Und wir lächelten verlegen

Häufig denke ich daran zurück

Vielleicht ist es ja Liebe gewesen

Werd ich wohl - so lange ich lebe

Auch die Liebe spüren können

Wird man - so lang ich fühle

Mir die Gefühle gönnen

Gefühle können trügen

Und wird das Leben elendig

Wer will mich dann noch lieben

Und - ist es dann noch notwendig

Ein Leben wünsche ich mir mit dir

Liebes- und Vergnügungsgebot

Alles gäbe ich dir dafür

Liebe – Sex und Tod

So viele starke Gefühle - und WIR

Wir baden in Liebe und in Hass

Lustvoll sterben wir dafür

Ultimativer Aderlass

Du bist herzlich

Und bist sehr geduldig

Bist zuverlässig und ehrlich

Du bleibst keine Antwort schuldig

Dass man sie liebt

Das ist ihr einziges Ziel

Warum sie Liebe nicht kriegt

Sie ist von allem ein bisschen zu viel

Eine Freundin fragte mich

Mein Freund will mit mir Sex

Was soll ich tun frage ich dich

Das Thema ist doch sehr komplex

Nein – meinte ich darauf

Sex ist fast so wie Eis essen

Hast du Lust wird Spaß daraus

Ohne Lust - solltest du es lassen

So manche reden über Politiker

Als wären sie nur Ungeziefer

Halten sich für Kritiker

Denken nicht tiefer

Hass und Rassismus und Lügerei

Nur durch Arroganz getarnt

Und IHRE Besserwisserei

Wird Intellekt genannt

An manchen Tagen da empfinde ich

Die Gefühle nicht mehr so stark

Mein ganzer Hass auf dich

Endete an deinem Sarg

Tote kann keiner hassen

Nur Lebende kann man töten

Wo soll ich den Hass nur lassen

Wieder ersticke ich an deinen Taten

Zu gern hätt ich gewusst

Wenn du noch leben würdest

Ob du so liebenswert noch bist

Vielleicht sogar noch Liebe spürtest

Ich träum dass es so wäre

Dass unsre Liebe die ich fühle

Nicht verschwindet in der Leere

In der ewigen Dunkelheit und Kühle

Zwei Erwachsene sitzen am Tisch

Sie jammern und sie beklagen

Laut und 'selbstmitleidisch'

Beziehung die sie haben

Er fühlt sich unverstanden

Und sie versteht ihn sehr gut

Weinend kann er bei ihr landen

Sie liebt den tränenreichen Disput

Jedes Mal wenn ich Dich seh

Tun mir sofort die Sinne weh

Dich fühlen oder riechen

Lässt die Sinne siechen

Und Dich zu schmecken - eh

Sie zeigte was sie kann

Ich versuchte es zu toppen

Das Schöne dauert immer lang

Loser kommen zuerst beim Poppen

Ich mag das Liebesspiel

'Spät gekommen ist gewonnen'

Nie wurde mir dies Spiel zu viel

Letzter zu werden war willkommen

Alle suchen nach Liebe

Sogar ich durfte mal lieben

Ich ahnte wenn die Liebe bliebe

Wird auch der Tod sie nie besiegen

Geschenke zu geben

Ist ohne Erwartung ideal

Liebe geben krönt das Leben

Ich weiß – große Gefühle sind real

Werden wir uns morgen wiedersehen

Und werd ich dich auch erkennen

Bist du immer noch so schön

Wird uns etwas trennen

Kannst du mich verstehen

Und dem Traum entsprechen

Lässt du uns wieder geschehen

Oder wirst du uns wieder zerbrechen

Manchmal erwische ich mich dabei

Und träume verbotene Träume

Gedanken - schändlich frei

Denken was ich meine

Lange lehnte ich es ab

Erinnerungen auszulöschen

Doch soll ich denn bis ins Grab

Mit DEINER Liebe leben müssen

Ungern erinnere ich mich

Aus rein persönlicher Sicht

An einen Menschen so wie dich

Der zu gerne Menschen zerbricht

Nur um grell zu glänzen

Und der Mittelpunkt zu sein

Da opferst du andere Menschen

Das macht dich so ARM und KLEIN

Gestern - pünktlich zur Tagesschau

Da klingelte es an meiner Tür

Eine junge und schöne Frau

Stand lächelnd vor mir

Ich bin dein Geschenk

Komme von deiner Liebsten

Sie schickt mich zu dir als Dank

Drum bin ICH dir heut zu Diensten

Wenn wir es nicht besser wüssten

Könnten wir uns noch mal lieben

Doch weil wir leiden müssten

Wird Liebe nicht siegen

Hass war einziges Ziel

Die Liebe war uns ganz egal

Doch nun ist viel Geld im Spiel

Gier macht aus der Liebe eine Zahl

Dich könnte ich lieben – sagte sie

Doch du kannst nie sicher sein

Mich besitzen wirst du nie

Ich wäre niemals dein

Das kann ich ertragen

Doch will ich es nie wissen

Und sollte ich es je erfahren

Werde ich dich verlassen müssen

Dich zu treffen war niemals schön

Es hat mich wirklich nie gefreut

Ich sehe dich lieber gehen

DAS hab ich nie bereut

Ich will dich nicht hassen

Das wären zu große Gefühle

Doch kann ich dich nie verlassen

Ja - mich erregt die sengende Kühle

Wutverzerrte Fratzen

Die mit Alltags-Rassismus

Gewählte Politiker verhetzen

Bauen Wege für den Terrorismus

Hass und Verachtung

Verschönert ihre Freizeit

Dummheit - Wut - Umnachtung

Die neue Art von Meinungsfreiheit

Die Fans vergöttern sie und jubeln

Sie liegen ihren Stars zu Füßen

Profis lieben diesen Trubel

Dopamine lassen grüßen

Die Fanatiker die lieben

Werden sehr oft in Massen

Voller Wut bei fehlenden Siegen

Zu Fratzen die abgrundtief hassen

Manchmal bin ich sehr entsetzt

Über unseren Sprachgebrauch

Der nur will dass er verletzt

Sie - ihn und mich auch

Empfindlichkeiten schaukeln hoch

Sitzen zwischen allen Stühlen

Sie provozieren immer noch

Trampeln auf Gefühlen

Du sagtest zu mir

Wir müssen mal reden

Dasselbe meinte ich zu dir

DU warst viele Jahre dagegen

Abgrundtief hassen

War dir wohl zu wichtig

Der Hass ließ mich gelassen

So wie es ist – ist alles richtig

Wir waren ein erstaunliches Team

Unsere Ergänzungen perfekt

Nach außen oder intim

Liebe und Respekt

In meinen Träumen

Wenn ich uns wieder spür

Da bin ich mit mir im Reinen

Suche ich nur einen Weg zu DIR

Hüte dich vor den Leuten

Die dich lieben ohne zu kennen

Es wird ihnen auch nichts bedeuten

Wenn sie ihren Hass zu dir bekennen

Es ist ihr ureigenes Fühlen

Das sie nur mit sich verbinden

Ich hoffe zwischen all den Stühlen

Dass sie auch suchen was sie finden

Damals als die Liebe starb

Da verlor auch ER sein Leben

Nichts - was etwas Hoffnung gab

Glück – das würd es nie mehr geben

Nichts war so wie es war

Es war ein ungewolltes Leben

Noch lange dachte er als PAAR

Doch wurden die Werte neu vergeben

Schön ist an der Zweisamkeit

Wir reden und werden angefasst

Doch es vergeht häufig mit der Zeit

Dann trägt die Einsamkeit unsere Last

Wenn Liebe zur Routine wird

Dann ist die Zweisamkeit zu trist

Schon vorher haben wir es gespürt

Wie Liebe zur Gewohnheit geworden ist

Ganz häufig denk ich noch an dich

Und in Gedanken lebst du noch

Die Gefühle fürchten sich

Spüren das tiefe Loch

Und in meinem Herzen

Da wütet eine große Wut

Dann schreie ich vor Schmerzen

Weil die Seele nicht mehr weh tut

Natürlich bist du bei der Geburt dabei

Das ist auch DEINE Verantwortung

Zeugung hat Folgen für ZWEI

Die NATÜRLICHE Ordnung

Du verlangtest es von mir

Ich soll mitleiden und bekennen

Doch war der Preis zu hoch dafür

Ich werd dich nie mehr lieben können

Du weinst über mein liebloses Leben

Und es tut dir fürchterlich leid

Liebe soll es für alle geben

Immer und in Ewigkeit

Ich hab es nie gelernt

Wusste nie wie man liebte

Liebe wurde aus mir entfernt

So war es der Körper der genügte

Welt

und

Umwelt

Der Umweltschutz und der Christian

Passen zusammen wie CO$_2$ und Methan

Er wird die Welt retten

Darauf kannst du wetten

Als Vorbild rast er im Porsche voran

Die Todesstrafe – sagte er

Gibt es hier bei uns nicht mehr

Wir stellen niemanden an die Wand

Denn Deutschland ist ein freies Land

Deutsche – sagte ich zu ihm

Wollen alle Menschen erziehen

Im Straßenverkehr da wird es klar

Sie bestrafen – mit dem Tode sogar

Die Erde oder wir

Das ist nicht die Frage

Es überlebt die Erde hier

Und gezählt sind unsere Tage

Wenn wir nicht sind

Ist diese Welt gerettet

Wir sehen es und sind blind

Man stirbt wie man sich bettet

Ich leb mein Leben in einem Paradies

Bin viel gereist durch diese Welt

Wenn ich das Paradies verließ

Hab ich allen nur erzählt:

So eine Stadt wie Münster

Hab ich woanders nie gesehen

New York – Sidney – Westminster

Nirgendwo war es irgendwo so schön

Fünf Abenteurer vermisst die Welt

Sie tauchten freiwillig zur "Titanic"

Und taten es nur für Ruhm und Geld

Fünf Adrenalinjunkies liebten Panik

Zu der gleichen Zeit im Mittelmeer

7 0 0 flüchtende Menschen fahren

Um zu leben in einem Boot hier her

Sie sterben – das übliche Verfahren

Sie rühmen sich alter Heldentaten

Von Wackersdorf bis Pershing 2

Sie lüfteten unter den Talaren

Sie waren in Gorleben dabei

Legal – illegal – scheissegal

Fast schon war es ein Reflex

Einer dieser '68er' sagte einmal

Ohne uns gäbe es nicht einmal Sex

Was gut fürs Klima ist

Ist fürs Wachstum schädlich

Und darum lügt er - der Lobbyist

Grenzenloses Wachstum ist nie möglich

Jeder BILD-Leser weiß

Nur der Profit lässt uns leben

Klima interessiert ihn einen Scheiß

Egal wie viele auf den Straßen kleben

Wir lieben die Denker und Philosophen

Doch wenn wir die Augen schließen

Sehen wir nur die Katastrophen

Und Soldaten die schießen

Wer nur 'schwarzsehen' will

Für den ist Grau ein Superpreis

Doch die Welt ist bunt und schrill

Und FARBEN sind der 'Heiße Scheiß'

Gewaltig griff es mich an

Und war ziemlich aufdringlich

Plötzlich erinnerte ich mich daran

Schon mehrfach attackierte es mich

Es dauerte wenige Tage

Und wirkte fast wie Rizinus

Lästig war es – gar keine Frage

Mein nerviges Magen- und Darmvirus

Im Viren-Krieg kämpfte ich

Es war sehr brutal und blutig

BIO-Waffen bekämpften mich

Die Biologie ist manchmal tödlich

Es war ein Stellungskrieg

Liegen - Sitzen und Stehen

Am Ende stand ein großer Sieg

Dank der Waffe 'Immun-System'

Ich trinke gern aus Flaschen

Und nehme sie dann in den Mund

Gern möcht ich sie hygienisch lassen

Für DICH ist das kein vernünftiger Grund

Durchgeschwitzte Socken

Liegen auf meinen Wasserkisten

Doch nur auf den Verschluss-Kappen

Spottest du – sei doch nicht so verbissen

Die Israelis sollen leben

Und die Palästinenser auch

Lieben - Streiten - Vergeben

Doch leider sind Massaker Brauch

Militärisch nicht zu lösen

Doch politischer Wille fehlt

Vorsicht mit eurer monströsen

Und BEDINGUNGSLOSEN Solidarität

Ich höre Menschen

Die ich nicht verstehe

Sie reden viel und wünschen

Dass ich ihre Wichtigkeit sehe

Sie reden um zu reden

Doch ich höre nur Blabla

Mein Körper - steht daneben

Doch der Geist ist nicht mehr da

So sehr mein Kind - liebe ich dich

Würde mich für dich entleiben

Nichts ist wichtiger für mich

Dein Schutz wird bleiben

Auch bei Sturm und Wind

In meinen Grenzen völlig frei

Ich weiß wo die Gefahren sind

Just like 'The catcher in the rye'

Wenn Politik wieder das Recht beugt

Politischen Widerstand - Terror nennt

Gewaltfreiheit - Hass und Gewalt erzeugt

Und 'Justiz' keine Unabhängigkeit mehr kennt

Zerstören sie unsere Grundrechte

Der Bürger wird zum politischen Knecht

Auch wenn 'Klein Fritzchen' es nicht möchte

Die mutigen Klima-Kleber – sie sind im Recht

Ich denk und schreibe

Erzähle was mich bewegt

Nur damit ich lebendig bleibe

Lebendig zu sein ist ein Privileg

Ich höre meine Angst

Spüre meine Hände zittern

Sie sagt: Wenn du nicht kannst

Denke ich – dann wird es bitter

Wir schaffen neue Gesetze

Gegen gefährliche Terroristen

Nutzen sie mit politischer Hetze

Gegen gewaltfreie Klima-Aktivisten

Ziviler Ungehorsam wird

Von denen die uns vertreten

Zum Schwerverbrechen erklärt

Bald - werden wir die Ersten töten

Ich seh beim Essen

Oft auf einen Riesenkran

Und sie stellten unterdessen

Vier weitere auf - gleich nebenan

Einer steht ganz nah

Ich beobachte ihn mitunter

Der Kranführer den ich da sah

Klettert täglich um Sechs herunter

Rex und sein Herrchen sind

An einem Tisch mit einem Paar

Und seinem kleinen Säuglingskind

Das von Rex schon abgeschleckt war

Für das Immunsystem ideal

Meint das Herrchen und lacht

Rex leckt After Kind und Genital

So wird Vorsorge lächerlich gemacht

Menschen wollen gesundes Leben

Darum lieben sie den Sport

Bei dem sie alles geben

Mit tierischem Escort

Sie schaffen Nischen

Der Angler nennt es Sport

Wenn er beim Fliegenfischen

Haken in lebendige Tiere bohrt

Einige wollen unsere Welt retten

Und ich bewundere sie dafür

Als ob wir Chancen hätten

So streiten sie mit mir

Für mich ist lange klar

Menschen überleben nicht

Kipppunkte sind lang schon da

Heimlich hoffe ich – ich irre mich

So viele ungerechte Kriege

Der im Irak war ein gerechter

Gerechte Kriege brauchen Siege

Solang ist Putins Krieg ein schlechter

Werden Kriege Geschichte

Haben Verlierer Schuld daran

Und alles strahlt im Siegerlichte

Die Deutung wird zur Wahrheit dann

Glaubt mir die Erde ist eine Scheibe

Die Mondlandung nur eine Lüge

Nicht - dass ich übertreibe

Es regieren die Reptiloide

Chemtrails machen lenkbar

QAnon will Kinderblut - täglich

Denn - alles Mögliche ist denkbar

Doch - nicht alles Denkbare möglich

Viele führen gern Selbstgespräche

Mit einem kleinen Mann im Ohr

Meist – auch wenn ich lächle

Kommt es mir dämlich vor

Dieser kleine weiße Mann

Man nennt ihn häufig APPLE

Da der Mensch nicht denken kann

Denkt das APPLE für das DEPPLE

Dein Handy macht dich mächtig

Zeigt allen in DEINER Welt

Das Leben läuft prächtig

Denn ein Handy zählt

Es steuert dein Leben

Auch deine Liebe und Lust

Nicht alles wird sich ergeben

Was ist wenn du DENKEN musst

Das Wohlbefinden der Welt

Tangiert die Menschen peripher

Wie der Wolf den Mond anbellt

Fühlt sich der Mensch als Besitzer

Der Mond hört kein Geheul

Hält sich an sichere Distanzen

Die Erde lacht sich krank derweil

Sie existiert auch ohne Menschen

Stolz schreibt mein Menü-Service mir

Ein Frischemobil gart bei der Fahrt

Dein "Mittagessen" liefern wir

Nun "Auf den Punkt" so zart

Wir werden noch flexibler

Steht da ganz klein am Schluss

"Mittagessen" - ab 9^{30} kompatibler

9^{30} "Auf den Punkt" - ein seniler Gruß

Gestern – als ich nach Hause kam

Mir der Wind den Atem nahm

Durchnässte mich der Regen

Ich frage mich deswegen

Wär es vielleicht möglich

Und könnte es nicht täglich

Sein wie ein milder Sommertag

Und nachts regnen wenn ICH mag

Ein Sturm brüllte mich an heut Nacht

Kreischte fast wie ein Berserker

Verwandelte mit seiner Macht

Mein Haus in einen Kerker

Manche leben da draußen

Und ihre Gedanken sind bitter

Sie fragen sich heut mit Grausen

'Ist das schon Klima oder noch Wetter'

Ist ein Mensch in Not

Hilft man selbstverständlich

'Erste Hilfe' rettet vor dem Tod

Jeder würd es tun - schlussendlich

Steht man jedoch davor

Spürt - wie der Mut vergeht

Hat man schnell wichtigeres vor

Schaut ob keiner schaut - und geht

Alltagsrassismus ist ein Phänomen

Zu oft die Basis für Vergleiche

Neu ist an diesem Problem

Es brechen die Deiche

Das Interesse ist groß

Die Probleme in aller Munde

Dummheit werden wir nicht los

Doch macht 'Beachtung' die Runde

Er sah Menschenrechtsverbrechen

Und Julian prangerte sowas an

Ohne Urteile zu sprechen

Arretierten sie Julian

Menschenrechtsverräter

Gaben ihm nie eine Chance

Nun verklagen ihn DIE TÄTER

Und bald töten sie Julian Assange

"Mordio" und "Zeter"

Schnauben sie vor Wut

Über hirnlose Volksvertreter

Und ein Gesetz das keinem weh tut

Fakten stören nicht

Denn "BILD" denkt für sie

Doch aus der "LGBTQ"-Sicht

Wird Leben nun leichter - a priori

Alles was wir tun

Und alles was wir sagen

Hat Wirkung – sogar posthum

Auch was wir nicht zu sagen wagen

All dies hat Effekte

Es gibt immer ein 'Warum'

Selbst wenn Anstand verreckte

Plappert ihr noch gedankenlos herum

Man sagt ein Mensch der ist verrückt

Und sei nicht mehr von dieser Welt

Wenn er ein bisschen anders tickt

Und sich an keine Normen hält

So ein Typ geht andere Wege

Nur seinen Spuren eng verbunden

Ist nicht wie jeder - nicht wie jede

Und hat vielleicht das RAD erfunden

Mein lieber Olaf in Berlin

Ich mach dir heut ein Angebot

Bei dem ich mir ganz sicher bin

Man wird dich lieben - bis zum Tod

Heut mag dich kaum einer

Hasserfüllte dumme Gesichter

Und mein Angebot schlägt keiner

Du wirst Präsident der Hasenzüchter

Schrecken fühle ich

Immer und immer wieder

Die Radikalen empören mich

Wut macht das Denken morbider

Es ist ein Phänomen

Schon im eigenen Umfeld

Lassen sich die Freunde geh'n

Und leben in der 'Fake-News-Welt'

Mein BUCH-VERLAG

Kündigt meinen Vertrag

Aus Gründen seiner Moral

Bliebe ihm heut keine Wahl

Die hohen moralischen Hürden

Halten diesen Verlag in Würden

Fünf Bücher von mir im selben Stil

Das sechste Buch - ein Tropfen zu viel

Die Meinungsfreiheit ist ein hohes Gut

Die Schere im Kopf bringt MICH in Wut

Gleichschaltung ist fast schon zu erkennen

Ich rieche schon wieder die Bücher brennen

Dies

und

Das

Gutes wird erst gut

Wenn man es auch tut

Böses hat schon Gewicht

Sobald man drüber spricht

Gutes nur zu wollen

Ist wie beten im Stillen

Es nur wollen ist Betrug

Gut gemeint ist nicht genug

Ein Deutscher bin ich

Und wir können nur hassen

Wer Nazis kennt weiß sicherlich

Sie hassen all die anderen 'Rassen'

Ist Deutschland judenfrei

Und alle Ausländer vertrieben

Hassen wir sogar 'Deutschtümelei'

NIE - haben wir gelernt zu lieben

So häufig denke ich zurück

An Menschen und auch an Orte

Manchmal werde ich fast verrückt

Wenn Gefühle sich melden oder Worte

Gedanken die sich winden

Sie quälen und sie martern mich

Endlosschleifen die nie Ruhe finden

Warum nur - versteckt das Schöne sich

Er meint: Ich will nicht wissen

Was Habecks grüne Verschwörer

Noch so alles gegen uns beschließen

Dies GRÜNE BÜNDNIS der Ruhestörer

Da entzog ich ihm mein Gehör

Obwohl die BILD es täglich zeigt

Trotz Meinungsfreiheit – ich schwör

Wurden wir nicht vom Denken befreit

Oft diskutierten wir

Manchmal war es heftig

Auch die Themen wurden mir

Mal zu leicht und mal zu deftig

Ich will nicht streiten

Auch weil du zornig warst

Doch werd ich dafür fighten

Dass du immer streiten darfst

Hallo Herr Mann sprach ich ihn an

Verärgert sah er zu mir rüber

'Dr. Mann' berichtigt er dann

Seine Laune war hinüber

Herr Dr. grinste ich ihn an

Es weiß heut jeder Doktorand

Der 'Dr.' hängt als Zusatz dran

Doch niemals war er Namensbestand

Steuern für mein geliebtes Land

Zahle ich gern und wieder willig

Doch sagt mir der Verstand

Die Erfassung ist unbillig

Der Staat hat alle Daten

Die Einnahmen und Abgaben

Ich kann vom Staat erwarten

Meine Erklärung gemacht zu haben

Ob köpfen oder passen

Oder den Schiri beschimpfen

Mich im Strafraum fallen lassen

Oder beim Elfer die Angst bekämpfen

Wenn ICH Fußball schaue

Ist es so als würd ich spielen

Als ob ich mich zu dribbeln traue

Ich glaube dann einen Ball zu fühlen

Sie ist süß und anschmiegsam

Doch weiß sie was sie will

Und als kluger Mann

Mag ich ihren Stil

Ihr freier Geist

Will niemals verletzen

Gibt sie sich hin so meist

Weil sie mich liebt – die Kätzin

Zu viele die mich niederbrüllen

Mit Phonstärke als Argument

Nachzudenken im Stillen

Haben sie nie gelernt

Gewalt ist ihre Stärke

Unbelehrbar ist der Hass

Zerstörung heißen ihre Werke

Nur IHRE Dummheit ist ihr Maß

Zornig meinte er zu mir

Du hast doch keine Ahnung

Wer ist denn der Fachmann hier

Ich brauch von dir keine Ermahnung

Da gab ich zu verstehen

Was dich zum Profi macht

Das ist ja gerade mein Problem

Routine hat zu viele Fehler gemacht

Einige sind neben der Spur

NORMALE sind ihnen überlegen

Andersdenkende stören doch nur

Goethe und da Vinci sprechen dagegen

Normal heißt ohne Fantasie

Überlebten nur die GESUNDEN

Gäb es nie Fortschritt - nie Poesie

Das Rad hätten wir niemals erfunden

Ich habe alles gesehen

Manches musste ich erleben

Aus Wut können Morde geschehen

Einige hassen schon weil andere kleben

Oft gibt's nur eine Sicht

Und dann ist alles entschieden

Diese Sicht bekommt immer Recht

Ich bin zu alt dafür – ich will Frieden

Damit ich "Online-Banking" kann

Gibt es ein Sicherheitssystem

Das ermöglicht es mir dann

Online zur Bank zu gehen

'Hardware' kaufe ich mir

Bezahle Geld an meine Bank

Die Banker gestatten mir dafür

Mein Geld zu verwalten - vielen Dank

Bei jedem Spaß in meinem Leben

Hör ich den Ratschlag von dir

Um den Spaß zu nehmen

Sagst du dann zu mir:

"Es wird Zeit für dich

Nun erwachsen zu werden"

Erwachsen - das verspreche ich

Werd ich sofort nach dem Sterben

Ich kann nicht so viel trinken

Wie ich gern kotzen möchte

Kann man tiefer sinken

Als die 'Oscarnächte'

Schläger bekommen erste Preise

Doch Qualität wird ignoriert

'La La Land' zieht Kreise

'Barbie' wird prämiert

Obama - Kissinger - Le Duc Tho

Nobelpreise wurden verliehen

Fürs Massenmörder - Ego

Und für den Frieden

Doch manchmal lacht auch die Welt

Wenn ein alternder Popmusiker

Den Literaturpreis erhält

Noble-Preis-Komiker

Es sind die Dummen die viel klagen

Doch Denken ist Menschenrecht

Kluge Menschen hinterfragen

Und bilden sich ihre Sicht

Sind Kluge dann präsent

Und erklären alles perfekt

Hilft Dummen nur das Argument

'Ach du – du bist doch viel zu fett'

Es gibt Gutes

Da wo auch Mut ist

Und bist du frohen Mutes

Dann ist das schon was Gutes

Wo nichts Gut ist

Gibt es nichts Mutiges

Und aus dem was Wut ist

Wächst niemals wirklich Gutes

Ich denke oft - egal was soll's

Dabei liegt es auf der Hand

Zuerst kommt der Stolz

Dann der Verstand

Die Gründe sind klar

Denken muss man lernen

Stolz ist auch bei Idioten da

Sogar bei den Realitätsfernen

Heut genau vor 15 Jahren

Verweigerte ich einen Vertrag

Es hatte jemand von mir erfahren

Dem wohl etwas an meinen Liedern lag

Am Telefon meinte er dann

Wir können zusammen etwas tun

Einen Plattenvertrag bot er mir an

Für ihn die Rechte – für mich der Ruhm

Für manche hatte ich starke Gefühle

Es gab auch einige die mir grollten

Leider waren es nicht so viele

Die mich verstehen wollten

Es war alles ziemlich okay

Nur wenig wollte ich vergessen

Doch manchmal tat es höllisch weh

Da hatten mich gute Geister verlassen

Ich erzähle sehr gern Geschichten

Die Wahrheit ist mir ganz egal

Ich erzähl sie in Gedichten

Mir bleibt keine Wahl

Ich MUSS es machen

Ich müsste noch erwähnen

Oft bring ich mich zum Lachen

Öfter - rühre ich mich zu Tränen

Zehn Minuten nur zu Fuß

Der Weg in "Henrys" Urwald

Sein Biergarten - ein wilder Gruß

Ich vergesse die Zeit und Uhr bald

Ich träume unter Reben

Insekten sehe ich und Mäuse

Die hier im "Garten Eden" leben

Erst spät bin ich vergnügt zu Hause

Der Fußballer saß vor seinem TV

Den Fußball mag der Amateur

Und der ist für eine Frau

Doch viel zu schwer

Für richtige Männer

Wohl ein Qualitätsverfall

Spottet der geneigte Kenner

'Es ist und bleibt Frauenfußball'

Heut genau vor 60 Jahren

Änderte sich meine Kinderwelt

Ganz plötzlich habe ich erfahren

Man musste arbeiten für sein Geld

Es war furchterregend neu

Plötzlich alles laut und schrill

Es trennte sich Weizen von Spreu

Meine Lehre begann - am 01. April

Manchmal da lache ich

Das sind schöne Momente

Stimmungen ermuntern mich

Und sind doch häufig eine Finte

In den andren Zeiten

Die so unendlich scheinen

Werde ich mich vorbereiten

Und versuchen - nicht zu weinen

Morgens singe ich unter der Dusche

Ganz laut meine eigenen Lieder

Ich genieße diese Ergüsse

Jeden Morgen wieder

Ohne lüsterne Juroren

Und - nach meinem Singen

Hör ich aus den Abflussrohren

Geräusche - die wie Beifall klingen

Die schöne Rieke

und

Der Graf

Eine Tragödie
- Die schöne Rieke und der Graf -

- 1/12 -

Oh liebste Rieke - wie ist es möglich
Dies alles überwältigende Gefühl
Beherrscht mich nun seit Jahren täglich
Mein Herz rast zwischen heiß und schwül

Es ist als würden Geister sprechen
Die für mich mein Leben lenken
Mit meinen Konventionen brechen
Für mich steuern - fühlen - denken

Das Bild von dir in meinem Herzen
Wacht mit mir am Morgen auf
Wärmt des Nachts wie tausend Kerzen
Erhellt mir meinen Tageslauf

Eine Tragödie
- Die schöne Rieke und der Graf -

- 2/12 -

Wie sollte denn wohl all mein Denken
Das um dich kreist wie um die Sonne
Mir Sonnenschein woanders schenken
Dieselbe Liebe – dieselbe Wonne

Stattlich bin ich – gut im Polster
Ein jeder sieht dass ich nicht arm
Im Wettbewerb wohl nicht Frivolster
Doch hielt ich manche Leiber warm

So werd ich sie wohl morgen bitten
Mit dem Familien-Ring von Stand
Wie es sich ziemt nach alten Sitten
Auf meinen Knien - um ihre Hand

Eine Tragödie
- Die schöne Rieke und der Graf -

- 3/12 -

Ich stell mir vor - wenn ich sie bitte
Mein Weib zu sein und mich zu achten
Senkt sie errötend ihre Blicke
Haucht leise 'Ja' mit zartem Schmachten

Erregung fasst mich im Voraus
Ich plane was sich wohl ergibt
Freu mich auf den Hochzeitsschmaus
Familie und Freunde die man liebt

Plane für Reisen und Herbergen
Für Küche - Koch und Personal
Für all die Handlanger und Schergen
Und standesgemäße Kleiderwahl

Eine Tragödie
- Die schöne Rieke und der Graf -

- 4/12 -

Doch weh mir - wenn es dir geschähe
Durch ein Unglück - ein Verbrechen
Durch Meuchelmord in meiner Nähe
Dass du dein Leben lässt - dein Lächeln

Wie sollt ich überleben können
Wenn du die Nacht nicht mit mir teilst
Wie könnt ich mir Vergnügen gönnen
Wenn du in dunkler Gruft verweilst

Mein putativer Trauerfall
Den mir die Phantasie beschert
Der sich von heut an überall
Mit bitter-süßem Stachel nährt

Eine Tragödie
- Die schöne Rieke und der Graf -

- 5/12 -

Gedanken – nah der Depression
Die mich quälen und erdrücken
Und raus aus meiner Tradition
In ein verdammtes Dasein schicken

Wie kann ich lösen dies Geschehen
Mit angemessener Tapferkeit
Stilistisch sicherem Vorgehen
Und mit moralischer Lauterkeit

Die Ehre weißt mir meinen Weg
Zeigt mir deutlich was ist Recht
Auch wenn ich bittere Gedanken heg
Die Konsequenz aus Recht ist Pflicht

Eine Tragödie
- Die schöne Rieke und der Graf -

- 6/12 -

Noch ahnt sie nichts von dem Verlangen
Das in mir schlummernd mich bedrängt
Von Geistern die verzweifelt rangen
Wenn Furcht und Zweifel mich umfängt

Wenn ich die Nächte wach verbringe
Und Denken führt ein eigenes Sein
Mich dann zu klaren Werten zwinge
Um nicht zu brechen an der Pein

So komm ich zu dem einen Ende
Es ist ganz klar und ehrenhaft
Die Kugel nur brächte die Wende
Die sich durch meinen Schädel schafft

Eine Tragödie
- Die schöne Rieke und der Graf -

- 7/12 -

Die Waffe legt ich schon bereit
Die mich ganz schnell und ohne Schmerz
Aus meinem Dasein nun befreit
Und die erlöst mein blutend Herz

Dies alles wegen einer Liebe
Die mir die Phantasie vorspielt
Die vielleicht unerwidert bliebe
Und Garantien nie enthielt

Nun – da ich mit großer Klarheit
Aus meinem Leben scheiden kann
Sich mir dann zeigt die letzte Wahrheit
Schleichen sich leise Zweifel an

Eine Tragödie
- Die schöne Rieke und der Graf -

- 8/12 -

Verzicht ich nun auf meine Liebe
Und nehme Abstand von Gefühlen
Lass sie nicht mehr zu - die Triebe
Die tief in meinem Innern wühlen

Könnt es sich vielleicht ergeben
Dass ich noch etwas atmen kann
Würd Liebe zwar nie mehr erleben
Doch weiter leben dürft ich dann

So wähl ich diesen neuen Start
Der mir ein Leben noch gestattet
Und mir - in ganz spezieller Art
Vielleicht auch zeigt was auf mich wartet

Eine Tragödie
- Die schöne Rieke und der Graf -

- 9/12 -

Bescheiden soll ich sein im Leben
Zufrieden und nicht aufbegehren
Tiefe Gefühle nie mehr hegen
Lernen aus all den schweren Lehren

Ganz leise - fast ohne Belang
Pflanzen sich Zweifel in Gedanken
Kaum merklich - doch sie bohren lang
Und mein Entschluss beginnt zu wanken

Es muss die Schuld woanders sein
Da sie nun nicht mehr liegt bei mir
Der Zorn - als Konsequenz allein
Lenkt mich mit festem Schritt zu ihr

Eine Tragödie
- Die schöne Rieke und der Graf -

- 10/12 -

Und Rieke - von freundlichem Wesen
Die lächelnd mich willkommen hieß
Ist fast sofort entleibt gewesen
Als ich den Dolch ins Herz ihr stieß

Und als sie sank in meinen Arm
Pulsierten gleich in meinen Lenden
Die Lebensströme - feucht und warm
So - als wollten sie nie enden

Ihr Blut färbte nun rot das Gras
Als ich ganz sanft sie bette
Schnitt meinen Puls - als sie schon blass
Damit uns niemand rette

Eine Tragödie
- Die schöne Rieke und der Graf -

- 11/12 -

Den Grafen und die schöne Rieke
Fand man - als sie im Arm sich lagen
Jung und schön hielt man zu Gute
Dass sie ein Liebespaar wohl waren

Sie kannten sich im Leben nie
Waren niemals vereint im Schlaf
In einer Gruft nun ruhen sie
Die schöne Rieke und der Graf

Heut strömen Liebende zum Grab
Sie hoffen auf Glück und Segen
Doch da es Liebe hier nie gab
Wird scheitern auch ihr Leben

Eine Tragödie
- Die schöne Rieke und der Graf -

- 12/12 -

Und die Moral von der Geschichte
Nie sticht man Körper die man liebt
Die man gern besitzen möchte
Mit einem Dolch der nie vergibt

Wer tötet weil er Liebe sucht
Und sei es auch nur im Gedichte
Wird mit Liebesentzug verflucht
Weil das fast jede Liebe schwächte

Mit Blut wird Liebe nie kreiert
Es hilft nur kurz der heißen Lende
Doch wer mit Mut einen Korb riskiert
Der überlebt auch das am - E N D E -

Dallos
Dichtungs Dinge

ISDN: 978-3-7460-9634-6

Reinhold Tebtmann

Dallos Dichtungs Dinge

Klugscheißer · Sprücheklopfer · Besserwisser

Dallos
Gereimtheiten
Reinhold Teßmann

Dallos

Gehirnzeilen

ISDN: 978-3-7526-2353-6

Reinhold Tebtmann

Dallos
Gehirnzeilen

REINHOLD TEBTMANN
Dallos
Verssuchungen

REINHOLD TEBTMANN
DALLOS
SCHREIBKRAM

Dallos Kopfgeburten

Reinhold Tebtmann

FSC
www.fsc.org
MIX
Papier aus ver-
antwortungsvollen
Quellen
Paper from
responsible sources
FSC® C105338